www.ingramcontent.com/pod-product-compliance
Lightning Source LLC
LaVergne TN
LVHW051007051026
849532LV00005B/1850
* 9 7 8 9 3 5 8 7 2 7 4 7 0 *

۱۸۵۷ء اور اردو شاعری

گوپی چند نارنگ

© Taemeer Publications LLC
1857 aur Urdu Shaairi (Essay)
by: Gopichand Narang
Edition: June '2024
Publisher :
Taemeer Publications LLC (Michigan, USA / Hyderabad, India)

ISBN 978-93-5872-747-0
9 789358 727470

کتاب	:	**۱۸۵۷ء اور اردو شاعری**
مصنف	:	**گوپی چند نارنگ**
پروف ریڈنگ / تدوین	:	اعجاز عبید
صنف	:	غیر افسانوی نثر
ناشر	:	تعمیر پبلی کیشنز (حیدرآباد، انڈیا)
سالِ اشاعت	:	۲۰۲۴ء
صفحات	:	۵۰
سرورق ڈیزائن	:	تعمیر ویب ڈیزائن

ہم اس سے بحث کر چکے ہیں کہ انیسویں صدی کے نصف اول کی اردو شاعری میں حب وطن کے جدید تصور کی تلاش عبث ہے۔ اس زمانے میں وطنیت کا تصور آج کے تصور سے بالکل مختلف تھا۔ یہ جدید تصور انیسویں صدی کے اواخر میں نئی تاریخی تبدیلیوں کے نتیجے میں نشاۃ الثانیہ کے اثرات کے نتیجے کے طور پر آیا۔ اس کے برعکس وطنیت کا قدیم تصور اپنے زمانے کے مخصوص تاریخی عوامل اور سماجی قوتوں کا پیدا کردہ تھا۔ اس کی بنیاد اتنی سیاسی یا معاشی نہیں جتنی اخلاقی اور مذہبی تھی۔ یہی وجہ ہے کہ اس میں انفرادیت زیادہ تھی اور اجتماعیت کم۔ تاہم اس سے انکار نہیں کیا جا سکتا کہ یہ تصور ایثار، قربانی، جرأت اور مردانگی کے اعلیٰ جذبات سے مملو تھا۔ ہندوستان کا وحدانی تصور اس زمانے میں فاصلوں کی دوری، رجواڑوں کی باہمی رقابت، آپسی نفاق اور طوائف الملوکی کے باعث ذہن میں آ ہی نہیں سکتا تھا۔ لیکن جوں جوں انگریز اس ملک پر اپنا قبضہ و اقتدار بڑھاتے گئے اور ان کے مفاد عوامی مفاد سے ٹکرانے لگے، غلامی اور مظلومیت کا احساس رفتہ رفتہ ہندوستان کے تمام طبقوں میں قدر مشترک کی شکل اختیار کر گیا۔ اس زمانے کی اردو

شاعری میں بھی اس کے اثرات جگہ جگہ نظر آتے ہیں۔ کہیں کوئی مصحفی، کوئی جرأت، کوئی مومن، ان مخفی دلی جذبات کو الفاظ کا جامہ پہنا دیتا ہے۔ لیکن چونکہ اس زمانے میں آزادی کا تصور ابھی مذہبی یا اخلاقی بنیادوں پر تھا، اس لیے عام طور پر انگریزوں کی مخالفت اس بنا پر ہوئی کہ ان کی محکومیت میں دین اور مذہب خطرے میں ہے۔ اضطراب کی ان چنگاریوں کو جب شجاعت اور دلیری کے قدیم اوصاف کی ہوا ملی تو یہ ۱۸۵۷ میں جنگل کی آگ کی طرح چاروں طرف اس سرعت سے پھیل گئیں جس کا انگریزوں کو خواب و خیال تک نہیں تھا۔ وطنیت کی یہ تحریک جذباتی اور انفرادی سرچشموں سے پھوٹی تھی، اس لیے اس کا تخریبی پہلو زیادہ نمایاں رہا۔ انگریزی عمل داری کا خاتمہ کرنے اور سرکاری اداروں کی تباہی و بربادی کی حد تک اس نے کوئی کسر اٹھا نہ رکھی۔ لیکن جہاں تک انقلاب کے تعمیری حصّے کا تعلق ہے، اجتماعی جذبات کی عدم موجودگی کی وجہ سے یہ پہلو بالکل نامکمل رہ گیا اور جن علاقوں پر دیسی سپاہ قابض ہو گئی تھی، ان کی شیرازہ بندی بھی ٹھیک طور پر نہ ہو سکی، جس وجہ سے بعد میں انگریز وہاں پھر متصرف ہو گئے۔

اس زمانے کی اردو شاعری تاریخی قوتوں کے اس تصادم اور ولولوں کی اس کشاکش کی آئینہ دار ہے۔ اس ضمن میں اردو شاعروں نے حب وطن کے جن جذبات کا اظہار کیا ہے، ان کا صحیح تجزیہ کرنے کے لیے ان تاریخی قوتوں کو نظر میں رکھنا بہت ضروری ہے جو اس وقت کارفرما تھیں۔

لارڈ کلایو سے لارڈ ڈلہوزی تک کمپنی کے جوڑ توڑ سے ثابت ہوتا ہے کہ انگریز کسی نہ کسی بہانے سارے ہندوستان پر قابض ہونا چاہتے تھے۔ جس کام کی ابتدا جنگ پلاسی سے ہوئی تھی، اس کی انتہا بکسر کی لڑائی پر ہوئی۔ اس کے بعد نہ صرف اودھ کا نواب وزیر انگریزوں کے ہاتھ میں کھلونا بن گیا بلکہ مغل تاجدار شاہ عالم بھی ان کے زیر اقتدار آگیا۔ ۱۸۳۷ میں بہادر شاہ ظفر تخت نشیں ہوئے تو گورنر جنرل لارڈ الن برا نے انھیں علانیہ قلعہ کی سکونت ترک کر دینے اور شاہی خطابات سے دست بردار ہو جانے کو کہا۔ مرزا فخرو کے انتقال کے بعد مرزا قویش کو ولی عہد ہی اس شرط پر بنایا گیا کہ بہادر شاہ کی وفات کے بعد ان کے لیے صرف خطاب شہزادہ باقی رہے گا۔ پنشن سوا لاکھ کے بجائے پندرہ ہزار ہوگی اور قلعہ خالی کر دیا جائے گا۔ گویا آل تیمور کا خاتمہ ہر لحاظ سے ایک فیصلہ شدہ بات تھی۔

ادھر کمپنی دیسی ریاستوں پر بھی یکے بعد دیگرے ہاتھ صاف کر رہی تھی۔ وارن ہیسٹنگز بنگال، بنارس اور روہیل کھنڈ کو خاک میں ملا چکا تھا۔ ولزلی نے میسور، پونہ، ستارا اور کئی دوسری ریاستوں کو تختہ مشق بنایا۔ انگریزوں کی ان دست درازیوں کے خلاف راجوں، نوابوں اور جاگیرداروں کے دلوں میں شدید نفرت پھیل رہی تھی۔ ڈلہوزی کی بدعنوانیوں نے اسے شدید تر کر دیا۔ سلطنت کی حدود بڑھانے کے لیے کمپنی دیسی حکمرانوں کو معمولی معمولی بہانوں پر برطرف کرنے لگی اور ان کی پنشنیں ضبط کی جانے لگیں۔ ۱۸۴۹ء میں انگریز پنجاب پر بھی قابض ہو

گئے۔

معاشی استحصال کی حالت یہ تھی کہ کمپنی نے دیسی صنعت کو بالکل تباہ کر دیا تھا۔ تجارت کساد بازاری کا شکار تھی اور کسانوں کی حالت ناگفتہ بہ تھی۔

سماجی سطح پر بھی ہندوستانیوں کا خطرہ کچھ ایسا بے جا نہ تھا۔ انگریز سارے ہندوستان کو عیسائی بنانے کے خواب دیکھ رہے تھے۔ اس کے نتیجے کے طور پر مسلمانوں میں اصلاحی تحریکیں شروع ہو گئی تھیں۔ شاہ ولی اللہ محدث دہلوی کے بعد ان کے کام کو ان کے عزیزوں اور رفیقوں نے جاری رکھا۔ مولوی احمد شاہ مدراسی اور مولانا لیاقت علی نے اس سلسلے میں مزید خدمات انجام دیں اور شمالی ہندوستان میں انگریزوں کے خلاف نفرت پھیلانے میں اہم حصہ لیا۔

ادھر نانا راؤ پیشوا اور عظیم اللہ دیسی ریاستوں میں خفیہ سازش کا جال بچھانے لگے۔ بنگال میں علی نقی خاں فقیروں اور سنیاسیوں کے ذریعے فوجیوں کو بھڑکا رہے تھے۔ چھاؤنیوں میں رات کو خفیہ جلسے ہوتے تھے اور ۱۸۵۷ء کے آغاز ہی میں آتش زدگی کی اکادکا وارداتیں شروع ہو گئی تھیں۔ حتیٰ کہ چربی لگے ہوئے کارتوسوں کا بہانہ پا کر فوجیوں کی نفرت کا لاوہ ۱۰ ! مئی کو میرٹھ چھاؤنی سے پھٹ پڑا اور چند ہی دنوں میں بغاوت کی یہ آگ سارے شمال وسطی ہندوستان میں پھیل گئی۔ لیکن چونکہ بغاوت پوری طرح منظم نہ تھی، انگریزوں کو تیاری کا موقع مل گیا۔ ایران سے صلح ہو جانے کی وجہ سے ہرات سے انگریزی فوجیں فوراً لوٹ آئیں۔ چین کو

جانے والے انگریزی دستے بھی کلکتے میں روک لیے گئے۔ ساتھ ہی پنجاب نے انگریزوں کو جو کمک پہنچائی اس نے تو باغیوں کی کمر ہی توڑ کے رکھ دی۔ انگریزوں نے سکھوں اور مغلوں کی دیرینہ عداوت کا پورا فائدہ اٹھایا اور حکمت عملی سے کام لے کر سکھوں کو باغیوں سے الگ رکھنے میں کامیاب ہو گئے۔ چنانچہ ۱۸ ستمبر کو دہلی پر دوبارہ انگریزوں کا قبضہ ہو گیا۔

الٰہ آباد میں بغاوت کے بانی مولوی لیاقت علی، (ا) لکھنؤ میں مولوی احمد شاہ، کانپور میں نانا صاحب اور جھانسی میں رانی لکشمی بائی تھیں۔ لکھنؤ میں نابالغ شہزادے برجیس قدر کو مسند نشیں کیا گیا اور ملکہ اودھ حضرت محل نگراں مقرر ہوئیں۔ دسمبر ۱۸۵۷ء سے فروری ۱۸۵۸ء تک انگریزی فوجیں تانتیا ٹوپے اور رانی لکشمی بائی کے ساتھ معرکوں میں مصروف رہیں۔ مارچ میں لکھنؤ پر تیسرا حملہ ہوا اور باغیوں کی پھوٹ کی وجہ سے انگریز لکھنؤ پر دوبارہ قابض ہو گئے۔

اس کے بعد باغی سردار بریلی میں جمع ہوئے، یہاں بھی شدید جنگ ہوئی اور باغی ہار گئے۔ جون ۱۸۵۸ میں مولوی احمد شاہ مدراسی اور رانی لکشمی بائی دونوں مارے گئے۔ گو نانا صاحب اور ان کے ساتھی اس کے بعد بھی انگریزی فوجوں پر چھاپے مارتے رہے، لیکن دراصل بریلی کی شکست کے بعد باغیوں کا زور ٹوٹ گیا اور ان کے بچے کھچے رہنما نیپال کے جنگلوں میں روپوش ہو گئے۔ بہادر شاہ ظفر پر دہلی میں مقدمہ چلا گیا اور اکتوبر ۱۸۵۸ء میں انھیں جلاوطن کر کے رنگون بھیج دیا گیا۔

اردو کے اکثر شعرا ۱۸۵۷ء کی آویزش و پیکار کی زد میں بری طرح آئے۔ ان میں سے بعض نے عملی طور پر بھی اس جنگ میں حصہ لے کر اپنی وطنیت کا حق ادا کیا۔ اردو کے یہ شاعر اگرچہ کسی ملکی یا منظم قومی جذبے سے تو آشنا نہ تھے، لیکن اپنی سلطنت کے جاتے رہنے سے ناخوش ضرور تھے اور غیر ملکی انگریزی حکومت کو اچھی نظر سے نہیں دیکھتے تھے۔ کمپنی نے جس وقت ہندوستان میں اپنی حکومت کی بنیادوں کو مضبوط کرنا شروع کیا، اردو شاعری ابھی تصوف کی آغوش میں تھی اور ہر قسم کے جذبات کسی نہ کسی حد تک روحانی انداز میں ادا کیے جاتے تھے۔ اس کے باوجود اس زمانے میں بھی انگریزوں کے خلاف کہیں کہیں رمز و ایما کے پردے میں تو کہیں صاف صاف واقعاتی سیاسی اظہار خیال کی مثالیں مل جاتی ہیں۔

جنگ پلاسی کے موقع پر نواب سراج الدولہ کی شہادت ایک قومی حادثہ تھی۔ درد مندوں کے دل پر اس سے جو گزری راجہ رام نرائن موزوں کا یہ شعر اس کی نہایت موثر ترجمانی کرتا ہے:

غزالاں تم تو واقف ہو کہو مجنوں کے مرنے کی
دوانا مر گیا آخر کو ویرانے پہ کیا گزری

بکسر کی لڑائی کے بعد نواب وزیر انگریزوں کے ہاتھ میں کٹھ پتلی بن گئے۔ کمپنی نے جنگ کا منہ مانگا تاوان لیا، اودھ کا بھی کچھ علاقہ چھین لیا۔ اس کے علاوہ انگریزی فوجیں بھی اودھ میں تعینات کر دیں جن کے خرچ کا بوجھ نواب وزیر کو

برداشت کرنا پڑتا تھا۔ نواب بے چارے بے بس تھے اور انگریز جو چاہتے منواتے اور جو چاہتے کرتے تھے۔ اغلب ہے کہ جرأت نے یہ شعر انھیں حالات سے متاثر ہو کر کہے ہوں:

کہیے نہ انہیں امیر اب اور نہ وزیر
انگریزوں کے ہاتھ ہیں قفس میں اسیر
جو کچھ وہ پڑھائیں سو یہ منہ سے بولیں
بنگالے کی مینا ہیں یہ یورپ کے امیر

اسی طرح ہندوستان کے معاشی استحصال پر مصحفی نے یہ شعر اتفاقاً نہیں بلکہ حالات کے ہاتھوں مجبور ہو کر کہا ہو گا:

ہندوستاں کی دولت و حشمت جو کچھ کہ تھی
کافر فرنگیوں نے بتدبیر کھینچ لی

انگریزوں کے خلاف ملک میں جو مذہبی اور نیم مذہبی تحریکیں پیدا ہوئیں، شاہ ولی اللہ دہلوی کی اصلاحی تحریک ان میں سب سے اہم تھی۔ یہ مذہبی اصلاح کے ساتھ ساتھ انگریزوں کی بڑھتی ہوئی لہر کو بھی روک دینا چاہتی تھی۔ اردو شاعروں میں مومن اس تحریک سے خاص طور پر متاثر ہوئے۔ مومن، شاہ اسماعیل شہید کے ہم سبق اور مولوی سید احمد بریلوی کے مرید تھے۔ ان کے خیالات کا اثر مومن پر اتنا گہرا تھا کہ بقول خواجہ احمد فاروقی: "وہ غیر ملکی حکومت کے خلاف جہاد کو اصل

ایمان اور اپنی جان کو اس راہ میں صرف کر دینے کو سب سے بڑی عبادت سمجھتے تھے۔"(۱)

مثنوی جہادیہ کے چند شعر ملاحظہ ہوں:

عجب وقت ہے یہ جو ہمت کرو
حیات ابد ہے جو اس دم مرو
سعادت ہے جو جانفشانی کرے
یہاں اور وہاں کامرانی کرے
الٰہی مجھے بھی شہادت نصیب
یہ افضل سے افضل عبادت نصیب
الٰہی اگرچہ ہوں میں تیرہ کار
پہ تیرے کرم کا ہوں امیدوار
یہ دعوت ہو مقبول درگاہ میں
مری جاں فدا ہو تری راہ میں
میں گنج شہیداں میں مسرور ہوں
اسی فوج کے ساتھ محشور ہوں

مومن کے ایک فارسی قصیدے کے یہ اشعار بھی غور طلب ہیں:

ایں عیسویاں بلب رسانند

جانِ من و جانِ آفرینش
تا چند بخواب ناز باشی
فارغ ز فغانِ آفرینش
برخیز کہ شورِ کفر برخاست
اے فتنہ نشانِ آفرینش

ایک اور مقام پر کہتے ہیں:

مومن تمھیں کچھ بھی ہے جو پاسِ ایماں
ہے معرکہ جہاد چل دیجے وہاں
انصاف کرو خدا سے رکھتے ہو عزیز
وہ جاں جسے کرتے تھے بتوں پر قرباں

یہ اشعار بھی اس نفرت کی اڑتی ہوئی چنگاریاں ہیں:

مومن حسد سے کرتے ہیں ساماں جہاد کا
ترسا صنم کو دیکھ کے نصرانیوں میں ہم
کہتے ہیں یہ کہ ہم چاٹ کے خاک اس میں ہوں گو خاک
پر اب تو زمیں بوس کلیسا نہ کریں گے

غرض یہ کہ 'بغاوت' سے پہلے اردو شاعری میں بھی انگریز دشمنی کے خیالات کا اثر بڑھنے لگا تھا۔ بغاوت کا سب سے زیادہ زور دہلی میں رہا اور دہلی ہی اس وقت

اردو شعر و ادب کا سب سے بڑا مرکز تھی۔ یوں تو نادر شاہ اور مرہٹوں کے حملوں کے بعد دہلی میں شعر و شاعری کی محفلیں سرد ہو گئی تھیں، لیکن سیاسی اور معاشی ابتری کے باوجود محمد شاہ رنگیلے کے زمانے میں اردو نے کچھ ایسا سنبھالا لیا کہ بہادر شاہ ظفر کے زمانے تک دہلی میں بیسیوں باکمال شاعر جمع ہو گئے۔ ان میں شیخ امام بخش صہبائی، شیخ ابراہیم ذوق، منشی صدر الدین آزردہ، مرزا اسد اللہ غالب، نواب مصطفی خاں شیفتہ، حکیم آغا جان عیش وغیرہ جیسے کہنہ مشق شاعر بھی تھے اور آزاد، حالی، داغ، قادر بخش صابر، شہاب الدین ثاقب، سالک، مجروح، مرزا انور، باقر علی کامل وغیرہ جیسے نوعمر بھی۔ بقول صاحب گُل رعنا "جب یہ لوگ ایک جگہ جمع ہوتے ہوں گے تو آسمان کو بھی زمین پر رشک آتا ہو گا۔" واقعہ یہ ہے کہ اس زمانے میں دہلی کے ہر طبقے کے لوگ شعر گوئی کی طرف مائل تھے۔ بادشاہ اور شہزادے، امرا اور بازاری، صوفیہ اور رند مشرب سب کو شعر گوئی کا ذوق تھا۔ تذکرہ گلستانِ سخن "غدر" سے کچھ ہی پہلے لکھا گیا ہے۔(۱) اس میں دہلی کے ۵۷۳ شاعروں کا ذکر ملتا ہے جن میں زیادہ تر ہم عصر ہیں۔ شاہ نصیر، مومن اور ذوق وغیرہ تو خیر ۱۸۵۷ سے پہلے ہی اللہ کو پیارے ہو چکے تھے، باقی میں سے اکثر نے انقلاب کے دنوں میں دہلی کی صبح و شام اپنی آنکھوں سے دیکھی۔ قلعہ کی تباہی اور شہر پناہ کی بربادی ان کی اپنی بربادی کی داستان ہے۔ ان میں سے کچھ ایسے بھی تھے جو ان واقعات کے آسودۂ ساحل تماشائی نہیں رہے بلکہ اس دریائے خوں کے شناور بن گئے۔ انھوں نے قلم

سے تلوار کا کام لیا اور انگریزوں کے خلاف خوب خوب نظمیں لکھیں۔ متعدد شاعروں نے قربانیاں دیں، مصیبتیں سہیں اور قید و بند کی کڑیاں جھیلیں۔ کئی بے گناہ گولی سے اڑا دیے گئے۔ کچھ ایسے بھی تھے جو ہنگامہ فرو ہو جانے کے بعد ذاتی مجبوریوں سے انقلابیوں کو "نمک حرام" کہتے اور انگریزوں کی مدح کرتے تھے۔ لیکن دہلی کی تباہی اور بربادی پر وہ دل ہی دل میں کڑھتے بھی تھے۔ غرض یہ کہ ۱۸۵۷ کے واقعات کی طرف اردو شاعروں کا ردعمل مختلف اور متنوع طریقوں سے ہوا۔ اس کی صحیح نوعیت سمجھنے کے لیے پہلے چند اہم شاعروں کا ذکر فرداً فرداً کیا جاتا ہے۔ ان میں سے صہبائی، آزردہ، منیر شکوہ آبادی، ظہیر دہلوی اور مولوی محمد حسین آزاد خاص طور پر قابل ذکر ہیں۔

"غدر" کے وقت صہبائی کوچہ چیلان میں رہتے تھے۔ انگریزوں کے غلبہ کے بعد اس کوچہ پر جو مصیبت نازل ہوئی، صہبائی بھی اس کی زد میں آئے اور اس کوچہ کے کئی دوسرے باشندوں کی طرح بالکل بے گناہ و بے قصور قتل کر دیے گئے۔(۲) ان کے ساتھ ان کے بیٹے عبدالکریم سوز بھی ہلاک ہوئے۔

خواجہ حسن نظامی کا بیان ہے کہ اس قتل عام میں صہبائی کے کنبہ کے کل ۲۱ افراد قتل ہوئے۔(۳) آزردہ کا شعر ہے:

کیوں کہ آزردہ نکل جائے نہ سودائی ہو
قتل اس طرح سے بے جرم جو صہبائی ہو(۱)

آزردہ "غدر" کے دنوں میں دہلی کے صدر الصدور تھے۔ ان کا باغیوں کی اعانت کرنا(۲) اور فتویٰ جہاد پر دستخط کرنا ثابت ہے۔(۳) چنانچہ شکست دہلی کے بعد یہ بھی انگریزوں کے معتوب ٹھہرے۔ ملازمت موقوف ہوئی اور مال جائداد مکانات سب برباد ہو گئے۔ بیش قیمت اور نادر کتب خانہ لٹ گیا اور مدرسہ دار البقا جس میں وہ درس دیتے تھے ڈھا دیا گیا۔ ان صدموں کے باعث آزردہ کے آخری ایام بڑی تلخی میں بسر ہوئے۔ دہلی کی تباہی اور اپنی عزت و آبرو کی بربادی سے ان کے دل پر جو گزری اس کا کچھ اندازہ ان کے اس شہر آشوب سے ہوتا ہے جو فغانِ دہلی میں شامل ہے۔ یہ گیارہ بند پر مشتمل ہے۔ پہلے بند ہی میں میرٹھ کے 'کالوں' پر برسے ہیں اور کہا ہے کہ دہلی پر شامت اہل قلعہ کے اعمال کے بدولت آئی ہے۔ اس کے بعد اپنی خانہ ویرانی اور شہر والوں کی بے سروسامانی کا ذکر کیا ہے۔ یہ بند اس قدر پر تاثیر ہیں کہ انھیں پڑھ کر آج بھی رقت طاری ہو جاتی ہے:

زیور الماس کا تھا جن سے نہ پہنا جاتا
بھاری جھومر بھی کبھی سر پہ نہ رکھا جاتا
گاج کا جن سے دوپٹہ نہ سنبھالا جاتا
لاکھ حکمت سے اوڑھاتے تو نہ اوڑھا جاتا
سر پہ وہ بوجھ لیے چار طرف پھرتے ہیں
دو قدم چلتے ہیں مشکل سے تو پھر گرتے ہیں

طبع جو گہنے سے پھولوں کے اذیت پاتی
مہندی ہاتھوں میں لگا سوتے تو کیا گھبراتی
شام سے صبح تلک نیند نہ ان کو آتی
ایک سلوٹ بھی بچھونے میں اگر پڑ جاتی
ان کو تکیہ کے بھی قابل نہ خدا نے رکھا
سنگ پہلو سے اٹھایا تو سرہانے رکھا
روز وحشت مجھے صحرا کی طرف لاتی ہے
سر ہے اور جوش جنوں سنگ ہے اور چھاتی ہے
ٹکڑے ہوتا ہے جگر جی ہی پہ بن جاتی ہے
مصطفی خاں کی ملاقات جو یاد آتی ہے
کیونکہ آزردہ نکل جائے نہ سودائی ہو
قتل اس طرح سے بے جرم جو صہبائی ہو(۱)

مرزا غالب سنہ ستاون کے ہنگامے میں شروع سے آخر تک دہلی ہی میں رہے۔ اس زمانے کے حالات انھوں نے اپنی فارسی کتاب "دستنبو" میں لکھے ہیں۔ فتح دہلی کے بعد انگریز فوجوں کی لوٹ مار سے مرزا غالب کا گھر تو محفوظ رہا لیکن جو قیمتی سامان اور زیورات ان کی بیگم نے حفاظت کے خیال سے میاں کالے صاحب کے تہ خانے میں رکھوائے تھے، انھیں فتح مند فوج نے لوٹ لیا۔ چند گورے غالب کے گھر میں

بھی آ داخل ہوئے اور انھیں گرفتار کر کے کرنیل برن کے سامنے لے گئے۔ باز پرس ہوئی زندگی باقی تھی کہ مرزا بچ گئے۔ لیکن امن قائم ہو جانے کے بعد غالب نے جب پنشن اور دربار بحال کیے جانے کے لیے سلسلہ جنبانی کی تو انھیں صاف صاف کہا گیا کہ وہ غدر کے دنوں میں باغیوں سے اخلاص رکھتے تھے (۲) اور انھوں نے بہادر شاہ ظفر کو سکہ کہہ کر گزرانا تھا۔ (۳) یہ سکہ دراصل کسی اور کا تھا جو بہادر شاہ کی تخت نشینی کے موقع پر کہا گیا تھا لیکن ثبوت کی عدم موجودگی کی وجہ سے غالب اس الزام سے اپنی برأت ثابت نہ کر سکے۔ (۴) قلعہ کی تنخواہ تو گئی ہی تھی پنشن اور دربار کے معاملے میں بھی زک اٹھانا پڑی اور "کوئین پویٹ" بننے کا خواب بھی ادھورا ہی رہا۔

ان شخصی صدموں اور چند دوسری وجھوں سے غالب "غدر" کو اچھے لفظوں سے یاد نہیں کرتے تھے۔ واقعہ یہ ہے کہ مرزا کی نظر اپنے مستقبل پر تھی اور "غدر" سے دو سال پہلے جب یہ فیصلہ ہوا کہ بہادر شاہ کے بعد شاہی سلسلہ ختم ہو جائے گا تو غالب نے اپنے مستقبل کو انگریزوں سے وابستہ کرنے کی کوششیں شروع کر دی تھیں چنانچہ انگریزوں کے کامیاب اور دوبارہ متصرف ہو جانے کے بعد اگر غالب نے ان کا ساتھ دیا تو غالب کی معاملہ فہمی اور مستقبل بینی کے پیشِ نظر تعجب نہ ہونا چاہیے۔ چند ہی ماہ کے اندر اندر انھوں نے ملکہ وکٹوریہ کی تعریف میں ایک قصیدہ "شمار یافت روزگار یافت" لکھا۔ یہ قصیدہ نومبر ۱۸۵۸ میں دستنبو کے پہلے

ایڈیشن کے ساتھ چھپوایا گیا اور دستنبو کے چند نسخے خاص اہتمام سے تیار کرا کے بعض "خاص مقاصد اور مطالب کے لیے" ہندوستان اور انگلستان کے اکابر کو بھجوائے گئے۔(۱)

"غدر" کو غالب نے اگر برے ناموں سے یاد کیا تو اس لیے کہ اس ہنگامے سے ان کے مستقبل کا نقشہ بگڑ گیا۔ "غدر" کی تاریخ غالب نے "رستخیز بیجا" سے نکالی ہے لیکن اس کا یہ مطلب نہیں کہ وہ حب وطن سے عاری تھے یا اپنے ہم وطنوں کے لیے ان کے دل میں کوئی ہمدردی نہ تھی۔ "غدر" کے بعد انگریزوں نے ہندستانیوں پر مظالم کے جو پہاڑ توڑے تھے، غالب کو ان کا احساس تھا۔ اپنے طبقے کی پامالی اور شہر کی ویرانی کا جو تذکرہ غالب کے ہاں ملتا ہے، بڑا ہی دردناک ہے (۲)۔ ان خطوں کو پڑھتے ہوئے یہ خیال رکھنا چاہیے کہ دہلی پر انگریزوں کے غلبے کے بعد کس کی ہمت تھی کہ انگریزوں کے خلاف ایک لفظ بھی کہہ سکے پھر بھی مرزا کے خطوں میں انگریزوں کی زیادتیوں اور سختیوں کی طرف اہم اشارے ملتے ہیں۔(۳)

"غدر" کے بعد دہلی والوں اور خاص طور پر مسلمانوں پر مصائب اور آلام کے ایسے ایسے پہاڑ ٹوٹے کہ ان کے ذکر سے آج بھی آنکھیں آشوب کر آتی ہیں۔ غالب نے یہ سب کچھ اپنی آنکھوں سے دیکھا تھا۔ اس مظلومیت اور بے بسی کا احساس ایک جگہ اس قطعہ میں ظاہر ہوا ہے:

بسکہ فعال مایرید ہے آج

ہر سلحشور انگلستاں کا
گھر سے بازار میں نکلتے ہوئے
زہرہ ہوتا ہے آب انساں کا
چوک جس کو کہیں وہ مقتل ہے
گھر بنا ہے نمونہ زنداں کا
شہر دہلی کا ذرہ ذرہ خاک
تشنۂ خوں ہے ہر مسلماں کا
کوئی واں سے نہ آسکے یاں تک
آدمی واں نہ جاسکے یاں کا
میں نے مانا کہ مل گئے پھر کیا
وہی رونا تن و دل و جاں کا
گاہ جل کر کیا کیے شکوہ
سوزش داغ ہائے پنہاں کا
گاہ رو کر کہا کیے باہم
ماجرا دیدہ ہائے گریاں کا
اس طرح کے وصال سے یارب
کیا مٹے دل سے داغ ہجراں کا(۱)

شیفتہ نے انگریزوں سے نفرت اپنے استاد مومن سے ورثہ میں لی تھی۔ فتح دہلی کے بعد یہ بھی انگریزوں کے معتوب قرار پائے۔ جاگیر ضبط ہوگئی اور ابتدائی عدالت نے سات برس قید کی سزادی۔ بارے اپیل میں بری ہو گئے۔(۲)

دہلی مرحوم سے متعلق انھوں نے ۱۳ شعر کا ایک مرثیہ لکھا ہے۔ یہ ان کے مطبوعہ دیوان میں شامل نہیں۔ دہلی کی پامالی پر خون کے یہ آنسو ملاحظہ ہوں:

ہائے دہلی وزہے دل شدگانِ دہلی
آپ جنت میں ہیں اور دل نگرانِ دہلی
وہی جلوہ نظر آتا ہے تصور میں ہمیں
مٹ گئے پھر بھی یہ باقی ہے نشانِ دہلی
گر نہ کہویں کہ یہ دلّی ہے تو ہرگز نہ پڑے
دلّی والوں کو بھی دلّی پہ گمانِ دہلی

میر مہدی مجروح اور قربان علی بیگ سالک کو بھی اس ہنگامے میں دہلی کو خیرباد کہنا پڑا۔ ہنگامہ فرو ہو جانے کے بعد سالک کا واپس دہلی آنا ثابت نہیں۔ لیکن دشت غربت میں بھی وطن کی یاد برابر ستایا کی۔ دہلی کی بربادی سے متعلق انھوں نے ایک ترکیب بند، ایک غزل اور ایک قطعہ لکھا ہے۔(۴)

مجروح بے چارے شکست دہلی کے بعد گھر بار چھوڑ کر در در کی ٹھوکریں کھاتے پیدل پانی پت پہنچے۔ یہاں وہ دہلی کے حالات جاننے کے لیے بڑے بیتاب

رہتے ہیں۔ غالب کے خطوط سے ثابت ہوتا ہے کہ وہ ان کے بار بار پوچھنے پر انھیں "ان کی دلی کی باتیں" لکھ بھیجا کرتے تھے۔ یہی وجہ ہے کہ غالب کے ہاں دہلی کی تباہی اور بربادی کے بارے میں جتنی مفصل معلومات مجروح کے نام کے خطوں میں ملتی ہیں،(۱) دوسرے خطوں میں نہیں ملتیں۔

غالب کے ایک خط مورخہ ۱۶ ستمبر ۱۸۶۲(۲) سے ثابت ہوتا ہے کہ اس دوران مجروح دہلی آئے اور واپس بھی چلے گئے۔ دہلی میں قیام کے دنوں میں انھوں نے یہاں غالباً اس مشاعرے میں شرکت بھی کی جس کی غزلیں کوکب نے مرتب کی ہیں۔ "فریاد دہلی" میں مجروح کی سات اشعار کی غزل درج ملتی ہے۔(۳) دو شعر ملاحظہ ہوں:

یہ کہاں جلوہ جاں بخش بتانِ دہلی
کیونکہ جنت پہ کیا جائے گمانِ دہلی

ان کا بے وجہ نہیں لوٹ کے ہونا برباد
ڈھونڈے ہیں اپنے مکینوں کو مکانِ دہلی

داغ سنہ ستاون کے حادثہ کے وقت قلعہ ہی میں تھے۔ شیخ محمد اسماعیل پانی پتی کا بیان ہے کہ "دہلی کی شکست کے وقت جب قلعہ خالی ہونے لگا تو یہ بھی بحال تباہ وہاں سے نکلے۔ جلدی میں ان کا بہت سا ابتدائی کلام وہیں رہ گیا جس کا انھیں ساری عمر افسوس تھا۔(۴)

اس زمانے کے حالات سے متاثر ہو کر داغ نے جو شہر آشوب لکھا تھا "فغان دہلی" میں درج ہے۔ اس کے شروع کے تین بند ہنگامے سے پہلے کی دہلی کی تعریف میں ہیں۔ چوتھے سے ساتویں بند میں میرٹھ کے سپاہیوں کے دہلی آنے اور دین کے نام پر جنگ و جدال کرنے کا تذکرہ ہے۔ بعد کے بند میں شہر اور عوام کی تباہ حالی کی ایسی پر درد تصویریں کھینچی ہیں جو آج بھی دل میں درد کی ٹیس پیدا کر دیتی ہیں۔ چند بند ملاحظہ ہوں:

یہ شہر وہ ہے کہ ہر انس و جان کا دل تھا
یہ شہر وہ ہے کہ ہر قدر دان کا دل تھا
یہ شہر وہ ہے کہ ہندوستان کا دل تھا
یہ شہر وہ ہے کہ سارے جہان کا دل تھا
رہی نہ آدھی یہاں سنگ و خشت کی صورت
بنی ہوئی تھی جو ساری بہشت کی صورت
فلک نے قہر و غضب تاک تاک کر ڈالا
تمام پردۂ ناموس چاک کر ڈالا
یکایک ایک جہاں کو ہلاک کر ڈالا
غرض کہ لاکھ کا گھر اس نے خاک کر ڈالا
جلیں ہیں دھوپ میں شکلیں جو ماہتاب کی تھیں

کھنچی ہیں کانٹوں پہ جو پتیاں گلاب کی تھیں
برنگ بوئے گل اہل چمن چمن سے چلے
غریب چھوڑ کے اپنا وطن وطن سے چلے
نہ پوچھو زندوں کو بیچارے کس چلن سے چلے
قیامت آئی کہ مردے نکل کفن سے چلے
مقام امن جو ڈھونڈا تو راہ بھی نہ ملی
یہ قہر تھا کہ خدا کی پناہ بھی نہ ملی
غضب ہے بخت بد ایسے ہمارے ہو جائیں
کہ ہیں جو لعل و گہر سنگ پارے ہو جائیں
جو دانے چاہیں تو خرمن شرارے ہو جائیں
جو پانی مانگیں تو دریا کنارے ہو جائیں
پئیں جو آبِ بقا بھی تو زہر ہو جائے
جو چاہیں رحمت باری تو قہر ہو جائے (۱)

اردو کے کئی دوسرے شاعروں کی طرح مولوی محمد حسین آزاد بھی انگریزوں کے زخم خوردہ تھے۔ ان کے والد مولوی محمد باقر علی دہلی سے دہلی اردو اخبار نکالتے تھے۔ انھیں انگریزوں نے "غدر" کے بعد اس الزام کی بنا پر گولی سے اڑا دیا کہ دہلی کالج کے پرنسپل ٹیلر کو ہلاک کرانے میں انھوں نے باغیوں کی مدد کی۔ (۱) خود آزاد

کا وارنٹ کٹ گیا تھا۔ یہ رات کی رات دہلی سے بھاگ نکلے۔ برسوں جنوبی ہندوستان میں مدراس، نیلگری اور بمبئی وغیرہ شہروں میں رہے۔ یہاں سے سیالکوٹ اور کشمیر گئے۔(۲) آخرکار لاہور آئے جہاں ان کی زندگی کا باقی حصہ بسر ہوا۔ وارنٹ اس دوران میں غالباً عدم سُراغ کی وجہ سے داخل دفتر ہو گیا۔

مولوی محمد حسین آزاد کے پوتے آغا محمد باقر لکھتے ہیں کہ آزاد غیر ملکی حکومت سے پرخاش رکھتے تھے اور دہلی اردو اخبار میں ایسٹ انڈیا کمپنی پر بے لاگ تنقید کیا کرتے تھے۔(۳) چنانچہ "غدر" کے بعد اس اخبار کے تمام پرچے ضبط کر لیے گئے۔ بارے نیشنل آرکائیوز آف انڈیا میں کچھ پرچے محفوظ ہیں۔ ان میں سے ۲۴ مئی ۱۸۵۷ کے پرچہ میں آزاد کی معرکہ آرا نظم "تاریخ عبرت افزا" درج ملتی ہے۔ آزاد کی وطن دوستی کے سلسلے میں یہ نظم خاص اہمیت رکھتی ہے۔ اس سے ثابت ہوتا ہے کہ وہ کمپنی کی حکومت کو سخت نفرت کی نظر سے دیکھتے تھے اور انقلابیوں کی کامیابی سے خوش تھے۔ چند اشعار درج کیے جاتے ہیں:

کو ملک سلیمان و کجا حکم سکندر
شاہان اولی العزم سلاطین جہاں دار
کو سطوت حجاج و کجا صورت چنگیز
کو خان ہلاکو و کجا نادر خونخوار
ہوتا ہے ابھی کچھ سے کچھ اک چشم زدن میں

ہاں دیدۂ دل کھول دے اے صاحب الابصار
ہے کل کا ابھی ذکر کہ جو قوم نصاریٰ
تھی صاحب اقبال و جہاں بخش و جہاں دار
تھے صاحب علم و ہنر و حکمت و فطرت
تھے صاحب جاہ و حشم و لشکر جرار
اللہ ہی اللہ ہے جس وقت کہ نکلے
آفاق میں تیغ غضبِ حضرتِ قہار
سب جوہر عقل ان کے رہے طاق پہ رکھے
سب ناخن تدبیر و خرد ہو گئے بیکار
کام آئے نہ علم و ہنر و حکمت و فطرت
پورب کے تلنگوں نے لیا سب کو یہیں مار (۱)

اردو کے بہت کم شاعروں کو "غدر" میں اتنی زک اٹھانا پڑی جتنی ظہیر دہلوی کو۔ (پورا نام سید ظہیر الدین عرف نواب مرزا دہلوی ہے۔ وفات ۱۹۱۱ میں ہوئی) یہ بہادر شاہ ظفر کے داروغہ ماہی و مراتب تھے اور راقم الدولہ خطاب تھا۔ انگریزوں کے غلبہ کے بعد ان کا ہزاروں کا اسباب تاراج ہوا۔ سسر ہلاک ہوئے اور یہ جان بچانے کے لیے برسوں جھجھر (سونی پت)، پانی پت، فیروز آباد، مراد آباد، بریلی وغیرہ چھپتے پھرے۔ بارے ایک مدت بعد نواب رام پور کی وساطت سے معافی نامہ

مل گیا۔ ان ایام کی روداد ظہیر نے تفصیل کے ساتھ اپنی کتاب "طراز ظہیری" عرف "داستان غدر" میں لکھی ہے۔

غدر کے بارے میں ظہیر کا اصل رویہ کیا تھا؟ اس سلسلہ میں کوئی قطعی ثبوت نہیں، لیکن خود ان کے بیانات سے اتنا ضرور اندازہ ہوتا ہے کہ "غدر" کی کچھ نہ کچھ حمایت انھوں نے کی۔ ورنہ "داستانِ غدر" میں وہ اپنی پاک دامنی پر اتنازور نہ دیتے۔

ظہیر نے "غدر" کے واقعات سے متاثر ہو کر ایک شہر آشوب (مخمس) اور ایک غزل لکھی تھی۔ اس میں اپنے زمانہ کے حالات کی سچی تصویریں کھینچی ہیں۔ شہر آشوب کے کچھ اشعار "داستان غدر" میں بھی موقع بہ موقع درج ہیں۔

حالی بھی سنہ ستاون کے واقعات کی زد سے محفوظ نہ رہے۔ یہ حصار سے پانی پت جاتے ہوئے بری طرح لٹیروں کا شکار ہوئے اور زخمی حالت میں وطن پہنچے۔(۲)

"غدر" کے بعد پرانی تہذیب یکسر معدوم ہونے لگی تھی۔ حالی نے اس کا ذکر اپنی غزل 'تذکرہ دہلیِ مرحوم کا اے دوست نہ چھیڑ' میں کیا ہے۔ اس میں شک نہیں کہ نئی تاریخی قوتوں کا عمل ترقی پذیر تھا لیکن غلامی کی زنجیریں بھی کس گئیں اور مٹنے والی تہذیب کی اپنی رنگینیاں اور خوبیاں تھیں جو نقش بہ ہوا ہو گئیں۔ حالی کی غزل انھیں خوبیوں کا نوحہ ہے۔

منیر شکوہ آبادی (وفات ۱۸۷۹) نے بھی "غدر" کے واقعات میں اہم حصہ

لیا۔ ہنگامہ کے وقت یہ نواب باندہ، علی بہادر خاں کے مصاحب تھے۔ منیر انگریزوں کی چیرہ دستیوں کا احساس رکھتے تھے اور ان کے غلبے کو اچھی نظر سے نہیں دیکھتے تھے۔ یہ بات ان قطعوں سے بھی ظاہر ہے جو انھوں نے انقلابیوں کی فتح کے موقعوں پر کہے۔ نواب باندہ نے جب قلعہ اجے گڑھ پر فتح پائی تو منیر نے فتح کی خوشی میں کہا:

چو فوج بندیلہ بباندا رسید

زحصنِ اجے گڑھ برائے فساد

برایشاں ظفریاب نواب ما

دل اہل انصاف گردید شاد

چنیں گفت تاریخ نصرت منیر

خدا فتح عالی بہ نواب داد

مفتی انتظام اللہ شہابی کا بیان ہے کہ نواب باندہ کی شکست کے بعد منیر شکوہ آبادی، مرزا ولایت حسین کے ساتھ امداد لینے کے لیے روانہ ہوئے۔ فرخ آباد میں یہ دونوں گرفتار ہوگئے۔ مرزا ولایت حسین کو تو حبس دوام بہ عبور دریائے شور کی سزا ہوئی اور منیر شکوہ آبادی پر مقدمہ چلتا رہا۔(۱) اس دوران میں ان پر ایک طوائف نواب جان کے قتل کا جھوٹا مقدمہ قائم ہوا اور سزائے حبس دوام بہ عبور دریائے شور ہوئی۔ اُسی زمانے کا شعر ہے:

روز ہوتا ہوں نئے شخص کے گھر میں روپوش
آج پھانسی کی خبر ہے تو اسیری کی کل (۲)

منیر نے اپنی گرفتاری اور قید کے حالات کو اپنے اشعار میں بے محابا ظاہر کیا ہے

:

فرخ آباد اور یاران شفیق
چھٹ گئے سب گردش تقدیر سے
آئے باندے میں مقید ہو کے ہم
سو طرح کی ذلت و تحقیر سے
کوٹھری تاریک پائی مثل قبر
تنگ تر تھی حلقہ زنجیر سے
پھر الٰہ آباد لے جائے گئے
ظلم سے تلبیس سے تزویر سے
جو الٰہ آباد میں گزرے ستم
ہیں فزوں تقریر سے تحریر سے
پھر ہوئے کلکتے کو پیدل رواں
گرتے پڑتے پاؤں کی زنجیر سے
ہتھکڑی ہاتھوں میں بیڑی پاؤں میں

ناتواں تر قیس کی تصویر سے

سوئے مشرق لائے مغرب سے مجھے

تھی غرض تقدیر کو تشہیر سے

انڈمان میں اپنی اہلیت کی وجہ سے منیر کمشنر کے محکمہ میں منشی گیری پر مامور ہوئے اور قید بامشقت سے بچ گئے۔ ادھر نواب یوسف علی خاں والی رامپور نے بھی ان کے لیے کوشش کی۔ چنانچہ باقی قید معاف ہوئی اور ۱۸۶۵ میں رہا ہوئے:

آج میں نے قید سے پائی رہائی اے منیر

فضل حق سے یہ خوشی کی دوپہر مسعود ہو

اس جزیرے سے سوئے کلکتہ ہوتا ہوں رواں

اے خدا ہندوستاں کا اب سفر مسعود ہو

سنہ ستاون کے واقعات میں اردو شاعروں کا جو حصہ ہے، اس کا ایک پہلو یہ بھی ہے کہ اس ہنگامے کے بعض سرگروہ مثلاً بہادر شاہ ظفر، مرزا خضر سلطان، مرزا برجیس قدر اور نوابِ بریلی اردو کے شاعر بھی تھے۔ بریلی کے نواب خان بہادر خاں مصروف تخلص کرتے تھے۔ یہ ہندوستان کے ان چند نوابوں اور راجاؤں میں سے تھے جنھوں نے غدر کے زمانے میں انگریزوں کے خلاف نہایت بہادری اور پامردی سے لڑائیاں لڑیں۔ انگریزوں کے غلبہ کے بعد یہ گرفتار ہوئے اور بغاوت کے جرم میں پھانسی پر لٹکا دیے گئے۔

برجیس قدر واجد علی شاہ کے چھوٹے شاہزادے تھے۔ انھیں لکھنؤ کی انقلابی فوج نے غدر کے دنوں میں اپنا بادشاہ مقرر کیا تھا۔ لکھنؤ کی شکست کے بعد یہ اپنی والدہ ملکہ حضرت محل کے ساتھ نیپال میں پناہ گزیں ہوئے اور وہیں مدتوں خراب و خوار رہے۔ مولوی نجم الغنی نے ان کی ایک غزل تاریخ اودھ میں نقل کی ہے۔(۱) یہ غزل ان کی بے کسی اور کس مپرسی کی یادگار کہی جاسکتی ہے۔

مرزا خضر سلطان بہادر شاہ ظفر کے سب سے چھوٹے شاہزادے تھے۔ مشورہ سخن غالب سے تھا۔ انقلاب کے دنوں میں دوسرے شاہزادوں کی طرح یہ بھی باغی فوج کے جرنیل بنائے گئے۔(۲) دہلی پر انگریزوں کا غلبہ ہو جانے کے بعد یہ میجر ہڈسن کی گولی کا نشانہ بنے اور ان کی لاش چاندنی چوک کوتوالی کے سامنے پھانسی کے تختے پر ایک رات دن سربازار لٹکتی رہی۔(۳)

بہادر شاہ ظفر عمر اور مزاج کے تقاضوں کی وجہ سے انقلابیوں کا پورا پورا ساتھ نہ دے سکے۔ ان پر انگریز نواز مصاحبوں کا اثر بھی تھا جو انھیں اکثر انقلابیوں کے خلاف بھڑکاتے رہتے تھے۔ اس کے باوجود جہاں تک بن پڑا انھوں نے انقلابیوں کی حوصلہ افزائی کرنے کی کوشش کی۔ اس کا ثبوت ان کے متفرق اشعار سے بھی ملتا ہے۔

منشی جیون لال اپنے روزنامچہ میں لکھتے ہیں کہ ۲/اگست ۱۸۵۷ کو بادشاہ نے دربار عام میں جس میں مولوی صدرالدین آزردہ وغیرہ جیسے اہل قلم بھی حاضر تھے

، اپنے کہے ہوئے چند اشعار سنائے۔ یہ اشعار بعد میں جنزل بخت خاں کو بھیج دیے گئے۔ ان کا مفہوم یوں ہے:

"خدا کرے کہ دین کے دشمن تباہ و برباد ہو جائیں
خدا کرے کہ فرنگی نیست و نابود ہو جائیں
قربانیاں دے کے عید قرباں کے تہوار کو مناؤ
اور دشمن کو تہ تیغ کرو کہ کوئی بچنے نہ پائے"(۴)

لشکرِ اعدا الٰہی! آج سارا قتل ہو
گورکھا گوجر سے لے کر تا نصاریٰ قتل ہو(۱)

اس زمانے میں بہت سے 'جنگی اشعار' کہے گئے جو بطور نعرہ استعمال ہوتے تھے۔ انگریزوں کی فتح کے بعد لوگ ان کو سناتے ہوئے ڈرتے تھے، پھر بھی کہیں کہیں محفوظ رہ گئے:

ایک دو تین
گھوڑے کی زین
بھاگ جاؤ وارن ہیستین (۲)

ذیل کا شعر بھی زبان زد خاص و عام تھا:

لبالب پیالہ بھرا خون سے
فرنگی کو مارا بڑی دھوم سے (۳)

ساورکر سے روایت ہے کہ "غدر" کے دنوں میں جب انقلابیوں کا زور کم پڑنے لگا تو کسی نے طنزاً کہا:

دمدمے میں دم نہیں، خیر مانگو جان کی
اے ظفر ٹھنڈی ہوئی شمشیر ہندوستان کی

بہادر شاہ ظفر نے جواب دیا:

غازیوں میں بو رہے گی جب تلک ایمان کی
تب تو لندن تک چلے گی تیغ ہندوستان کی (۴)

ظفر کا زمانۂ "غدر" کا کہا ہوا کلام نہیں ملتا۔ یہ کلام حکیم احسان اللہ کے پاس ترتیب کے لیے جمع ہوتا تھا۔(۵) جانے انھوں نے اسے غائب کر دیا یا ہنگامہ میں تلف ہو گیا۔ یہی حالت رنگون کے زمانہ کے کہے ہوئے کلام کی ہے۔ ایک روایت ہے کہ ظفر اپنے ملاقاتیوں کو اپنا تازہ کلام تحفتاً پیش کرتے تھے۔(۱) اس کلام نے اپنے زمانے میں بہت شہرت پائی اور سینہ بہ سینہ ہم تک پہنچنے سے یہ اتنا بدل گیا کہ آج یہ اندازہ لگانا بھی مشکل ہے کہ اس کی اصل صورت کیا تھی۔ متداول غزلوں سے چند اشعار ملاحظہ ہوں۔ ظفر کے اس زمانے کے کلام کی ایک بنیادی خصوصیت یہ ہے کہ یہ ان کے مخصوص حالات کی ترجمانی کرتا ہے اور اس میں وطنی و اجتماعی جذبات کا بڑا ہی پرسوز اظہار ہوا ہے:

نہ دبایا زیرِ زمیں انھیں نہ دیا کسی نے کفن انھیں

نہ ہوا نصیب وطن انھیں نہ کہیں نشان مزار ہے

کوئی کیوں کسی کا لبھائے دل کوئی کیا کسی سے لگائے دل

وہ جو بیچتے تھے دوائے دل وہ دکان اپنی بڑھا گئے

بندھے کیوں نہ آنسوؤں کی جھڑی کہ یہ حسرت ان کے گلے پڑی

وہ جو کاکلیں تھیں بڑی بڑی وہ انھیں کے پیچ میں آگئے

یہ رعایا ہند تباہ ہوئی کہوں کیا جو ان پہ جفا ہوئی

جسے دیکھا حاکم وقت نے کہا یہ تو قابل دار ہے

نہ دبایا زیر چمن انھیں، نہ دی گور اور نہ کفن انھیں

کیا کس نے یارو دفن انھیں بے ٹھکانے جن کا مزار ہے

نہ تھا شہر دہلی یہ تھا چمن ولے سب طرح کا تھا یاں امن

سو خطاب اس کا تو مٹ گیا فقط اب تو اجڑا دیار ہے (۲)

ذیل کے اشعار بھی بہادر شاہ ظفر کے نام سے مشہور ہیں:

کتنا ہے بدنصیب ظفر بعد مرگ بھی

دو گز زمین بھی نہ ملی کوئے یار میں

نہ کسی کی آنکھ کا نور ہوں نہ کسی کے دل کا قرار ہوں

جو کسی کے کام نہ آسکے میں وہ ایک مشت غبار ہوں (۱)

ان شاعروں کے علاوہ جن کا ذکر اوپر کیا گیا، اردو کے چند اور شاعروں نے بھی

"غدر" کے بعد دہلی کی ابتری اور زبوں حالی پر اپنے گہرے درد و غم کا اظہار کیا ہے۔ یہ بھی دہلی کے رہنے والے تھے، لیکن غدر کے سلسلے میں ان کے پورے حالات معلوم نہیں۔ ان شاعروں کے نام یہ ہیں:

افسردہ قاضی فضل حسین

تجمل حکیم تجمل حسین خان

تشنہ محمد علی

سوزاں حکیم محمد تقی

صفیر دہلوی

عیش حکیم آغا جان

فرحت بشن پرشاد

کامل باقر علی خاں

مبین غلام دستگیر

محسن حکیم محمد محسن خاں

یوں تو دہلی کے اجڑنے پر اپنے تاثرات کا اظہار ان میں سے چند نے غزلوں اور قطعوں میں بھی کیا ہے لیکن ان کی اہمیت ان کے شہر آشوبوں کی وجہ سے ہے اور یہاں انھیں کا ذکر مطلوب ہے۔ غزلوں کی بحث آگے آئے گی۔ یہ شہر آشوب زیادہ تر مسدس کی شکل میں ملتے ہیں۔ مخمس صرف صفیر اور فرحت نے کہے ہیں۔ افسردہ،

تشنہ، سوزاں، کامل کا ایک ایک، عیش کے دو اور مبین کے تین مسدس ملتے ہیں۔ تجمل نے اکیس شعروں کا ایک بڑا موثر قطعہ بھی کہا ہے۔ عیش کے مسدس زیادہ وقیع نہیں۔ ان میں درد و اثر کی کمی ہے۔ سوزاں کا طویل مسدس بھی کمزور ہے۔ مبین کے ہاں گو طوالت ہے لیکن سوز و گداز کی کمی نہیں۔ اس نے حکیمانہ نظر کا بھی ثبوت دیا ہے اور اس سیاسی و معاشرتی بحران کے اسباب و علل کا پتا چلانے کی کوشش بھی کی ہے۔ کامل کا مسدس مختصر بھی ہے اور جامع بھی۔ محسن نے بعض تاریخی جزئیات کی خوب خوب تفصیل دی ہے، جس سے نظم میں واقعیت کا عنصر بڑھ گیا ہے۔ لیکن ایک خصوصیت ان سب نظموں میں قدرِ مشترک کی حیثیت رکھتی ہے، وہ یہ کہ ان میں تقریباً ہر ایک شاعر نے "غدر" کے مصائب و ابتلا کی خونچکاں داستان کے کسی نہ کسی واقعاتی پہلو کو بھی بیان کیا ہے۔ اس لحاظ سے یہ شہر آشوب جن میں آزردہ، داغ اور ظہیر کے شہر آشوب بھی شامل کیے جاسکتے ہیں، اردو میں اپنی قسم کی پہلی چیز ہیں۔ ان میں دہلی کی سیاسی و مجلسی زندگی کے زوال اور اختلال کا ذکر ہجو کے پیرائے میں نہیں بلکہ مرثیے کے انداز میں کیا گیا ہے۔ غم انگیز جذبات یوں بھی پر تاثر ہوتے ہیں، لیکن جب اپنے ہی برباد ہونے کی داستان ہو تو اس کی اثر آفرینی کی حد نہیں۔ کہیں کہیں تو یوں معلوم ہوتا ہے کہ دل خون ہو گیا ہے اور آہوں اور نالوں نے کاغذی پیرہن اختیار کر لیا ہے۔

ان شہر آشوبوں میں شاعروں کا انفرادی تاثر نمایاں ہے۔ ہر کسی نے اپنے

مخصوص حالات، مزاج اور طبیعت کے مطابق زوال اور اختلال کی اس داستان کو بیان کیا ہے۔ کسی نے المیہ کے صرف شاعرانہ ذکر پر اکتفا کیا ہے، کسی نے حکیمانہ نظر سے کام لیا ہے اور کسی نے ان واقعات کو مورخانہ نقطۂ نظر سے دیکھا ہے۔ کوئی ایک بات سے مغموم ہے تو کوئی دوسری سے۔ کوئی دربار سے وابستہ تھا، کوئی بازار سے اور کوئی خانقاہ سے۔ کسی کو قلعہ کے اجڑنے کا غم ہے اور کسی کو یہ دکھ ہے کہ دہلی کی تہذیبی اور معاشرتی برتری مٹی میں مل گئی اور یہاں کے آثار و عمارات کا نقش تک باقی نہ رہا۔ کوئی اس بات کے لیے تڑپ رہا ہے کہ دہلی کی شستہ و پاکیزہ زبان اب کہاں؟ اب نہ وہ علمی مجلسیں ہیں نہ وہ ادبی ہنگامے۔ کوئی علم و کمال کا نوحہ خواں ہے، کوئی مال و متاع کے لٹ جانے کے صدموں سے جلا بیٹھا ہے، کسی کے دل پر احباب کی مفارقت کا داغ ہے، کسی کی آنکھیں زن و فرزند کے بے گناہ قتل کی یاد میں تر ہیں۔ غرض ان شہر آشوبوں میں ایک واقعے اور ایک محل کے باوجود مزاج کی رنگارنگی اور حالات کے تنوع کی وجہ سے ان تمام مصائب کا پورا پورا ذکر آ گیا ہے جو انگریزوں کے غلبے کے بعد دہلی اور اہل دہلی پر نازل ہوئے تھے۔ ہر کسی نے اپنے چشم دید حالات کو من و عن بیان کرنے کی کوشش کی ہے۔ دل کا درد ہے، کسی نہ کسی صورت زبان پر آ ہی گیا ہے۔ چنانچہ انگریزوں کے ظلم و ستم اور دہلی کی بدحالی کی داستان کا شاید ہی کوئی اہم پہلو ہو جس کا ذکر ان شہر آشوبوں میں نہ ملتا ہو۔ مثال کے طور پر چند بند ملاحظہ ہوں:

پسند خاطر ہر خاص و عام تھی دہلی
طلسم دل کش و جنت مقام تھی دہلی
طرب فزائے جہاں صبح و شام تھی دہلی
گل خوشی سے معطر تمام تھی دہلی
اجاڑا ایسا چمن جس کے غم سے دل ہے خوں
مٹے خزاں کی ہوا خاک میں ملے گردوں

ہر ایک سو ہے یہ غارت گری سے بیگانہ
کہ مثل دیدۂ گریاں ہے ہر در خانہ
رُلا رہا ہے فرشتوں کو بھی یہ افسانہ
نہ وہ ہے گھر نہ وہ محفل نہ شمع و پروانہ
بنا ہے گنج شہیداں بسانِ خرمنِ گل
فرشتے نعش پہ اب نالہ کش ہیں چوں بلبل

قیامت آئی قیامت سے کس لیے پہلے
دکھائے کس لیے قسمت نے حادثے ایسے
جو غم نہ سہنے کو جی چاہے آنکھ سے دیکھے
کہاں تلک کوئی روئے کہاں تلک پیٹے
کہیں پدر ہے تڑپتا کہیں پسر بے تاب

غضب ہے تفرقہ پرداز چرخِ خانہ خراب
گھر ایسے لٹ کے ہوئے ہیں خراب کیا میں کہوں
کہ جیسے خشک ہوں بے اشک دیدۂ پرخوں
نہ زر نہ سیم نہ پوشاک نے درمکنوں
لبوں پہ آتے ہیں اب نالہ دل محزوں
جو درفشاں تھی کف دست ہے خزف آگیں
گہر جو دیتے تھے کوڑی بھی ان کے پاس نہیں
نہ دیکھا تھا جو ستم وہ فلک سے اب دیکھا
یہ وہ ہے حادثہ جس سے جگر بھی ٹکڑے ہوا
پدر کے سامنے بیٹے کو قتل ہائے کیا
غم آئے یاد نہ کیوں کر جناب اصغر کا
یہ کربلا کا نمونہ دکھاتی ہے دہلی
پدر کو نعشِ پسر پر رلاتی ہے دہلی
(مبین)

کہاں وہ تاج کا مالک کہاں ہے وہ دربار
کہو کدھر گئی دیوانِ خاص کی وہ بہار

اب اس کے دیکھے جو اجڑے ہوئے در و دیوار
یہ جی میں آئی کہ سر پھوڑ اور چیخیں مار
ہے پارہ پارہ جگر کیسی دل فگاری ہے
بجائے اشک جو آنکھوں سے خون جاری ہے
ہمیشہ عطر جو پوشاک میں لگاتے تھے
بدلتے شام و سحر جوڑے اور بساتے تھے
تھی نکہت ایسی کہ اس سے نہ تاب لاتے تھے
خجل ہو گل کف افسوس ملتے جاتے تھے
وہ دیکھو پیرہن آلودہ خاک پھرتے ہیں
کہاں ہے جیب گریبان چاک پھرتے ہیں
وہ نازنیں کہ نزاکت بھی دیکھ گھبر اوے
کہ جس کی بستر گل پر سے نیند اڑ جاوے
گمان میں جو نہ ہو کیا خیال میں آوے
لکھا ازل کا جو تقدیر سامنے لاوے
پکڑ کے زلف کیا ان کو قتل ننگے سر
صبا کے چھوئے سے جو ہوتے تھے پریشاں تر
برہنہ پا کوئی نکلا کوئی گریباں چاک

کسی کی چشم تھی گریاں کسی کے سر پر خاک
ہر ایک بید سا لرزاں تھا با دل غم ناک
تھی دشمنوں کی بھی ہر سمت سے یہ ان پر تاک
قدم نہ اٹھتا تھا جو وہ قدم اٹھاتے تھے
ہزاروں ٹھوکریں کھاتے تھے گرتے جاتے تھے
(سوزاں)

یہ وہی چوک ہے میلہ تھا جس جگہ ہر روز
یہاں تو رہتے تھے مہ طلعتان دل افروز
نظر کو ہوتی تھی کیفیت سرور اندوز
جدھر کو دیکھتے تھے اک بہار کلفت سوز
نشان بھی نہیں اب تو ہجوم خلقت کا
بنی ہے وہی جگہ بس مقام عبرت کا
(کامل)

وہ لال جوڑے پہن کر کوئی نکلتے تھے
وہ بانکپن سے اٹھا پائینچوں کو چلتے تھے

وہ ہاتھ پاؤں میں مہندی کو اپنے ملتے تھے
وہ بات بات میں انداز سے مچلتے تھے
ہوئے ہیں رنج و تردد میں اب تو وہ محبوس
بجائے مہندی کے ملتے ہیں وہ کف افسوس
وہ لوگ بستر سنجاب پر جو سوتے تھے
سحر گلاب سے جب منہ کو اپنے دھوتے تھے
تمام عمر کو لہو و لعب میں کھوتے تھے
وہ بال بال میں موتی سدا پروتے تھے
اب ان کا حال تباہی سے ایسا ابتر ہے
بچھونا خاک ہے اور خشت بالش سر ہے
بنے ہوئے تھے وہ چوپڑ کے چوک میں بازار
کہ جیسے چار چمن ہوں بہ سطحِ گلزار
ہر ایک دیدہ آئینہ روشن و ہموار
خجل تھا جن سے خط عارضان گل رخسار
ہر اک دکان میں بیٹھا ہوا ہے فریادی
ٹپک رہی در و دیوار سے ہے بربادی
سناتے پھرتے تھے سقے کٹوروں کی جھنکار

وہ گل فروشوں کے پھولوں کے ٹوکروں کی بہار
وہ سودا بیچتے تھے لوگ واں پکار پکار
وہ پھرنا خوانچہ والوں کا واں قطار قطار
رکھا تھا دہلی کا لوگوں نے نام عشق آباد
بسان خانۂ عاشق وہ ہو گئی برباد
(محسن)

اردو شاعروں کی ایک بڑی تعداد ایسی بھی ہے، جنھوں نے وطن کی بربادی سے متعلق اپنے درد و غم کا اظہار غزلوں کے ذریعے کیا ہے۔ ان میں سے اہم یہ ہیں: شہاب الدین ثاقب، داغ، مرزا حسین علی خاں راقم، قربان علی بیگ سالک، مصطفی خاں شیفتہ، قادر بخت صابر، ظہیر الدین ظہیر، باقر علی خاں کامل اور میر مہدی مجروح۔

ان شاعروں میں سے اکثر کی غزلوں کا تعلق غالباً اس عظیم الشان مشاعرے سے ہے، جو اس خونیں ہنگامے کے بعد دہلی میں منعقد ہوا تھا۔ اس یادگار مشاعرے کی تفصیل معلوم نہیں ہو سکی۔ البتہ معظم زمانی بیگم عرف بگا بیگم (۱) سے یہ روایت (۲) ہے کہ دہلی میں امن و امان قائم ہو جانے کے بعد یہاں کے لوگوں نے ایک مشاعرہ کیا جس میں اس وقت کے بیشتر اساتذہ نے شہر کی تباہی کا رونا رویا تھا۔

مصرع طرح تو معلوم نہیں ہو سکا، لیکن زمین شانِ دہلی زبانِ دہلی تھی۔ یہ بھی معلوم نہیں کہ کتنے شاعروں نے مشاعرے میں شرکت کی۔ بہرحال ان میں سے ستائیس کی طرحی غزلیں "فغان دہلی" میں جسے تفضل حسین خان کوکب (۳) نے مرتب کیا تھا محفوظ ہو گئی ہیں۔ اس مشاعرہ کی تاریخی اہمیت تو ہے ہی، ادبی لحاظ سے بھی یہ اپنی نوعیت کا پہلا اجتماع تھا جس میں کم و بیش تیس شعرا نے مل کر ایک واقعاتی موضوع پر طبع آزمائی کی جو نوعیت کے اعتبار سے فقط انفرادی یا ذاتی نہیں بلکہ اجتماعی و قومی تھا۔ تجمل اور کامل نے دو غزلے کہے۔ راقم نے صرف مطلع پر اکتفا کی۔ شائق کی طرحی غزل فارسی میں ہے۔ احسن نے بھی طرحی اردو غزل کے علاوہ ایک غزل فارسی میں بھی اس زمین میں کہی۔ اکرام اور عیش کی غزلوں کی زمین تو یہی ہے لیکن بحر مختلف ہے۔ ممکن ہے اس مشاعرے کے لیے دو طرحیں دی گئی ہوں یا شاید اس سے ملتا جلتا کوئی اور مشاعرہ بھی اس زمانے کے لگ بھگ ہوا ہو۔ یہ بھی ہو سکتا ہے کہ ان شاعروں نے اپنے طور پر اس زمین میں غزلیں کہی ہوں۔ ان طرحی غزلوں کے علاوہ کچھ غزلیں ایسی بھی ہیں جو اس زمانے میں فرداً فرداً کہی گئیں۔ ان غیر طرحی غزلوں میں سے تین غزلیں عیش کی ہیں، ایک مبین کی اور ایک تجمل کی۔ عیش کی تیسری غزل میں دہلی کے علاوہ لکھنؤ کی بہار رفتہ کا بھی ماتم کیا گیا ہے۔

ان غزلوں میں سے چند کے حوالے پہلے دیے جا چکے ہیں۔ انھیں اور تجمل اور

مبین کی غیر طرحی غزلوں کو چھوڑ کر باقی میں سے اکثر غزلیں احساس کی اس شدت سے خالی ہیں جس کی نظیر شہر آشوبوں میں ملتی ہے۔ اس کی ایک وجہ تو یہ ہے کہ یہ غزلیں نسبتاً بعد میں لکھی گئیں اور دوسری یہ کہ شہر آشوبوں کی طرح یہ بے ساختہ زبان پر نہیں آئیں، بلکہ مشاعرے کی خاطر کہی گئی ہیں۔ اس لیے ان میں بجائے آمد کے آورد زیادہ ہے۔ ردیف اور قافیے کی قید سے خارجی واردات کا تفصیل سے بیان کرنا کتنا مشکل ہے، اس کا اندازہ ان غزلوں سے ہوتا ہے۔ کہیں کہیں ایک ہی مضمون بار بار بندھا ہے۔ تکرار اور توارد کی مثالیں بھی کثرت سے ہیں۔ عام طور پر ان غزلوں میں بیان دہلی اور زبان دہلی کا ماتم ملتا ہے۔ "غدر" سے پہلے کی دہلی کی تعریف اور پھر اس کے اجڑنے کا ذکر رسمی اور روایتی ہے اور اثر و تاثیر سے مملو نہیں۔ سیاسی انتشار اور معاشی زوال کی طرف بھی شاعروں نے زیادہ توجہ نہیں کی۔ واقعات کے تنوع اور واردات کی وسعت سے جو بے پایانی شہر آشوبوں میں پیدا ہو گئی ہے، زیادہ تر غزلیں اس سے خالی ہیں۔ ان میں درد و کرب کی فضا برائے نام ہے اور اس کا اثر دیرپا نہیں۔ کہیں کہیں ایک آدھ شعر البتہ ایسا نکل آتا ہے جہاں شاعر نے رمز و کنایے کے پردے میں اپنا دل کھول کے رکھ دیا ہے:

آل فرعون کے جوں ظلم سے آل موسیٰ

ایسے بے کس ہوئے افسوس کسان دہلی

کونسا غنچۂ دل تھا کہ نہ پژمردہ ہوا

ہند میں ایسی چلی باد خزان دہلی

(ممتاز حسین احقر)

بسکہ گلزار ہے زخموں سے تن اک عالم کا

بن گئی موسم گل فصلِ خزانِ دہلی

(قادر بخش صابر)

اب جو دلی ہوئی آباد تو کیا خاک ہوئی

جن سے زینت تھی کہاں ہیں وہ جوانِ دہلی

(محمد محسن خاں محسن)

نہیں بچنے کا پڑے گا بے شک

"چرخ" کی جاں پہ وبال دہلی

(تجمل حسین تجمل)

اس جائزے سے ظاہر ہے کہ سنہ ستاون کے واقعات کے خلاف اردو شاعروں کا رد عمل مختلف اور متنوع طریقوں سے ہوا۔ ظاہر ہے کہ ہر شاعر ایک سا شعور اور ایک سا احساس نہیں رکھتا۔ مختلف ذہنی اور سماجی رابطوں کی وجہ سے بھی "غدر" کے واقعات سے متعلق اردو شاعروں کا طرز فکر الگ الگ رہا۔ اکثر نے سیاسی وجوہ کا ذکر نہیں کیا۔ جو کوئی حقیقت حال سے آشنا تھا، اپنے مستقبل کو انگریزوں سے وابستہ دیکھ کر اس نے خاموشی اختیار کی۔ کسی نے ایک قدم آگے بڑھ کر انقلابیوں کی مذمت

کی اور انگریزوں کی مدح سرائی اختیار کی۔ تاہم چند شاعر ایسے بھی تھے جنھوں نے غدر کے اسباب و علل پر غور کیا تھا اور اسے آزادی کی جنگ سمجھ کر اس میں شریک ہوئے تھے۔ ایسے شاعروں میں سے منیر شکوہ آبادی، محمد حسین آزاد اور بدایوں کے اشرف علی نفیس (۱) خاص طور پر قابل ذکر ہیں۔ منیر اور آزاد کے کلام کا حوالہ پہلے دیا جا چکا ہے اور یہ بتایا گیا ہے کہ وہ انگریزوں سے شدید نفرت رکھتے تھے، انقلابیوں کی کامیابی سے خوش تھے اور فتح کے موقعوں پر تاریخیں کہتے تھے۔ اس کے برعکس غالب اور ظہیر جیسے کچھ شاعر ایسے بھی تھے جنھوں نے ہنگامہ فرو ہونے کے بعد ذاتی مجبوریوں کی بنا پر انگریزوں سے مراعات پانے کے لیے اپنی غیر جانبداری کا اعلان کیا اور "غدر" کی مذمت کی۔

لیکن جہاں تک وطنیت کے تصور کا تعلق ہے، وہ بنیادی طور پر ان دونوں طرح کے شاعروں کے ہاں ایک ہی ہے۔ بظاہر اس میں بوالعجبی معلوم ہوتی ہے کہ وہ شاعر جو انگریزوں کے خیر خواہ تھے اور وہ جو انگریزوں کے مخالف تھے ان کا اساسی نظریہ ایک کیسے ہو سکتا ہے۔ لیکن حقیقت یہی ہے۔ اصل چیز انگریزوں کی مدح یا قدح نہیں بلکہ وہ نقطہ نظر ہے جس سے یہ لوگ ۱۸۵۷ کے واقعات کو دیکھتے تھے اور یہ نقطۂ نظر ان دونوں کے ہاں تقریباً ایک ہی ہے۔ ان کے بیانات میں بظاہر جو تضاد ہے، وہ دراصل نقطۂ نظر کا نہیں بلکہ ان تاریخی حالات کا ہے، جن میں یہ منظومات کہی گئیں۔ اردو کے وہ اشعار جن میں انگریز دشمنی کی بو آتی ہے۔ اس

زمانے کی چیز ہیں جب انقلابیوں کا ستارہ عروج پر تھا اور ان شاعروں کو اظہارِ رائے میں کوئی خطرہ نہیں تھا۔ اس کے برعکس وہ تمام کلام جس میں پوربیوں اور تلنگوں کو برا بھلا کہا گیا ہے اور "غدر" کی مذمت کی گئی ہے اس زمانے کا ہے جب انگریز فتح یاب ہو چکے تھے اور ان کے جور و ستم کا بازار گرم تھا۔ ہندوستانیوں کا خون اس وقت اس قدر سستا ہو گیا تھا کہ معمولی سے بہانے پر انھیں گولی کا نشانہ بنا دیا جاتا۔ محلے کے محلے ڈھائے جا رہے تھے اور ہزارہا گھر ویران پڑے تھے۔ ایسے میں کس دیوانے کی شامت آئی تھی کہ انگریزوں کے خلاف اپنے دلی جذبات کا اظہار کرتا۔ پھر یہ کہ ہر اہل قلم اہل سیف نہیں ہوتا۔ فضل حق خیر آبادی نے تو حق گوئی کی خاطر عمر قید برداشت کرلی، لیکن آزردہ نے جب پانسہ پلٹا ہوا دیکھا تو جاں بخشی کے لیے اپنا بیان بدلنے سے بھی گریز نہ کیا۔ آزردہ تو درکنار، جس کسی نے بھی انگریزوں کے غلبے کے بعد غدر کے موضوع پر قلم اٹھایا، انگریزوں کی خیر خواہی کے لیے "غدر" کی مذمت کی ہے۔(۱) لیکن ان بیانات کو جوں کا توں تسلیم نہیں کیا جا سکتا۔ یہ باتیں حالات سے مجبور ہو کر کہی گئی ہیں۔ غور سے دیکھیے تو انھیں نیم صداقتوں کے لب و لہجے سے دلی رجحانات کا راز کھل جاتا ہے۔ واقعہ یہ ہے کہ جن شاعروں نے "غدر" میں حصہ لیا اور وہ بھی جنھوں نے نہیں لیا سب کے دل رنج و محن سے چور تھے۔ اپنے معاشرے کی تباہی اور اقتصادی بدحالی کا اکثر شاعروں کو احساس تھا اور اس بنا پر دل ہی دل میں یہ سب انگریزوں سے خائف تھے اور ان کے انسانیت سوز مظالم

سے نالاں تھے، ورنہ وہ اپنے کلام میں اپنی تباہی اور زبوں حالی کا اتنے بڑے پیمانے پر کبھی ماتم نہ کرتے۔ فغان دہلی کی تقریظ میں قربان علی بیگ سالک نے لکھا ہے:

"ایسا انقلاب ظہور میں آئے زبان پر کوئی مہر نہیں ہے کہ گویائی سے باز رہے اور دل پر کچھ زور نہیں کہ درد سے بھر نہ آئے اور اظہار درد شاعرانہ نہ کیا جائے۔۔۔ کس کی طاقت ہے کہ سنے اور نہ روئے، کس کا جگر ہے کہ اس درد سے خون نہ ہوئے۔ جب کوئی کسی کا شعر اس باب میں سنا جاتا ہے، کان گنگ ہو جاتے ہیں، کلیجہ منہ کو آتا ہے۔" یہ دوسری بات ہے کہ اس وقت وطنیت کا کوئی واضح سیاسی تصور نہیں تھا۔ سیاسی آزادی اس زمانے میں مذہبی اور تہذیبی آزادی کی شکلیں اختیار کرتی تھی۔(۲) چنانچہ اردو شاعر بھی وطن کی سیاسی اور اقتصادی تباہ حالی کے لیے غیر ملکی حکومت یا اپنی غلامی کو مورد الزام ٹھہرانے کے بجائے اپنی تقدیر کو کوستے ہیں۔(۳) اور حالات کو بہتر بنانے کے لیے فقط دعاؤں میں یقین رکھتے ہیں (۱) یا پھر ان دردناک حالات میں جینے پر موت کو ترجیح دیتے ہیں۔(۲)

سنہ ستاون کی جدوجہد ہندستانی تاریخ کی طرح اردو ادب میں بھی قدیم اور جدید کے درمیان حد فاصل قائم کرتی ہے۔ جدوجہد کی ناکامی سے ملک میں شکست خوردگی کی عام فضا میں انگریزوں کے مظالم اور دہشت انگیز کارروائیوں نے شدید خوف و ہراس کی ایسی لہر کا اضافہ کیا کہ لوگ انگریزی حکومت سے چھٹکارا پانے کو خواب و خیال سمجھ کر بھول گئے۔ اس ہنگامے کے بعد ربع صدی تک ہندوستان

بالکل بے جان اور بے روح زندگی بسر کرتا ہے۔ چند مذہبی رہنماؤں اور قدامت پسندوں کے سوائے زیادہ تر لوگوں نے سنہ ستاون کی شکست کو حتمی سمجھ کر اس تاریخی و عمرانی تبدیلی کو چار و ناچار قبول کرنا شروع کیا۔ یہ تبدیلی سنگین و ناگزیر حقیقت تھی اور اسے روک سکنے کی ہمت کسی میں نہ تھی۔ اس نے جہاں ادب اور معاشرت میں پرانی بساط تہ کر دی، وہاں نئے اثرات کے لیے بھی راستہ صاف کر دیا۔ عوام کے لیے اب سوائے اپنے کو نئے سانچے میں ڈھالنے کے اور کوئی چارہ نہ تھا۔ جو لوگ قوم اور وطن کا درد رکھتے تھے، ان کے لیے بھی آگے بڑھنے کا راستہ صرف یہی تھا کہ نئی حکومت سے مفاہمت کی جائے اور انگریزی تعلیم نئی سائنسی اور مشینی ترقی اور مغربی تصورات سے اپنے ذہن کی حدود کو وسیع کیا جائے اور انگریزی حکومت کے دائرے میں رہتے ہوئے اپنی حالت کو بہتر بنانے کے لیے انگریزوں سے مراعات حاصل کی جائیں۔ یہ صورت حال انیسویں صدی کے آخر تک بنی رہی۔ حب وطن کا وہ تصور جو آج ہمارے پیش نظر ہے، بعد میں پیدا ہوا۔ کسی اور مقالے میں اس کا جائزہ لیتے ہوئے ۱۸۵۷ کے بعد کی اردو شاعری میں قومی و وطنی بیداری کے ارتقا پر تحقیقی گفتگو کی جائے گی۔

* * *